LE PREMIER NAVIGATEUR,

OU LE POUVOIR DE L'AMOUR,

BALLET D'ACTION,
EN TROIS ACTES,

De la composition de M. GARDEL l'aîné, Maître des Ballets du Roi, en survivance, & de l'Opéra.

Représenté pour la première fois, sur le Théâtre de l'Académie - Royale de Musique, le Mardi 26 Juillet 1785.

Prix, douze sols.

A PARIS,

Chez P. DE LORMEL, Imprimeur de l'Académie-Royale de Musique, rue du Foin Saint-Jacques.

M. DCC. LXXXV.

PERSONNAGES

DU BALLET.

MELIDE, *jeune Bergère*,   Mlle. Guimard.
SEMIRE, *Mère de Mélide*,   Mlle. Masson.
DAPHNIS, *jeune Berger*,   M. Vestris.

Messieurs, { LAURENT, SIVILLE, DUQUESNET, GUENNETÉ, } *Amans de Mélide*

PLAISIRS.

VENUS,   Mlle. Zacharie.
MM. Abraham, Lebel, Dupin, Saulnier.
Mlles. Simon, Esther, Camille, Barré.

PETITS AMOURS,

Messieurs,
Lachapelle, Auguste, Laborie, Lily, Flin.
Mlle. Nanine.
Mlles. Simon c. Dorival, Jacotot.

EGYPANS,

MM. Millon, Poinon, Jolly, Hus.

BACCHANTES,
Mlle. SAULNIER.
Mesdemoiselles,
Bigottiny, Courtois, Puisieux, Dancourt.

VIEILLARD VILLAGEOIS,
MM. Simonet, Guillet ✶. Ducel.

BERGERS & BERGERES,
Madame PERIGNON. Mlle. LANGLOIS.
MM. Caster, Delahaye, Guillet ✶. Blanche,
Béguin, Largiere, Deschamps, Boyer.
Mlles. Siville, Leclerc, Lacoste, Bernard,
Meziere, Troche, Laborie, Prault.

PRÊTRE DE L'HYMEN,   M. Richard.
Suite de l'Hymen, *les mêmes que les Amours.*

MORPHE,   M. Desforges.
Une fausse MELIDE,   Mlle. Augustine.

LE PREMIER NAVIGATEUR,

BALLET D'ACTION,

EN TROIS ACTES.

ACTE PREMIER.

Le Théâtre représente un verger agréable, au milieu duquel est un grand arbre : derrière sont des gradins, & à droite la maison de Sémire.

SCENE PREMIERE.

Les Amans de Mélide arrivent portant des houlettes, des bouquets,

A iij

des rubans & des guirlandes; ils témoignent l'amour qu'ils ressentent pour cette jeune Bergère, & déposent leurs présens devant la maison qu'elle habite.

SCENE II.

Mélide paroît accompagnée de sa mère Sémire; elle reçoit avec indifférence l'hommage de ses amans: Daphnis seul l'occupe. Un regard tendre, qu'elle lance à ce Berger, lui annonce son bonheur. Persuadé qu'il est aimé, il défie ses rivaux, & sort avec eux pour se préparer aux différentes luttes, dont la main de Mélide doit être le prix. Sémire les suit.

SCENE III.

Melide, restée seule, soupire; elle craint que Daphnis ne soit pas vainqueur, & tremble d'être réduite à s'unir à un autre Berger. Elle regarde les présens qui lui sont destinés, & voudroit reconnoître celui qui vient de son Amant.

SCENE IV.

Daphnis la surprend occupée à examiner ces offrandes & à y chercher la sienne. Il la voit qui s'approche de l'une, va à l'autre, & les parcourt toutes avec indifférence. Une seule lui fait sentir une douce émotion. Cette agitation imprévue lui persuade qu'elle a rencontré enfin ce qu'elle

BACCHANTES,
Mlle. SAULNIER.
Mesdemoiselles,
Bigottiny, Courtois, Puisieux, Dancourt.

VIEILLARD VILLAGEOIS,
MM. Simonet, Guillet *. Ducel.

BERGERS & BERGERES,
Madame PERIGNON. Mlle. LANGLOIS.
MM. Caster, Delahaye, Guillet . Blanche, Béguin, Largiere, Deschamps, Boyer.
Mlles. Siville, Leclerc, Lacoste, Bernard, Meziere, Troche, Laborie, Prault.

PRÊTRE DE L'HYMEN,   M. Richard.
Suite de l'Hymen, *les mêmes que les Amours*.

MORPHE,   M. Desforges.

Une fausse MELIDE,   Mlle. Augustine.

LE PREMIER NAVIGATEUR,

BALLET D'ACTION,

EN TROIS ACTES.

ACTE PREMIER.

Le Théâtre représente un verger agréable, au milieu duquel est un grand arbre : derrière sont des gradins, & à droite la maison de Sémire.

SCENE PREMIERE.

Les Amans de Mélide arrivent portant des houlettes, des bouquets,

A iij

des rubans & des guirlandes; ils témoignent l'amour qu'ils reſſentent pour cette jeune Bergère, & dépoſent leurs préſens devant la maiſon qu'elle habite.

SCENE II.

Melide paroît accompagnée de ſa mère Sémire; elle reçoit avec indifférence l'hommage de ſes amans : Daphnis ſeul l'occupe. Un regard tendre, qu'elle lance à ce Berger, lui annonce ſon bonheur. Perſuadé qu'il eſt aimé, il défie ſes rivaux, & ſort avec eux pour ſe préparer aux différentes luttes, dont la main de Mélide doit être le prix. Sémire les ſuit.

SCENE III.

Melide, restée seule, soupire ; elle craint que Daphnis ne soit pas vainqueur, & tremble d'être réduite à s'unir à un autre Berger. Elle regarde les présens qui lui sont destinés, & voudroit reconnoître celui qui vient de son Amant.

SCENE IV.

Daphnis la surprend occupée à examiner ces offrandes & à y chercher la sienne. Il la voit qui s'approche de l'une, va à l'autre, & les parcourt toutes avec indifférence. Une seule lui fait sentir une douce émotion. Cette agitation imprévue lui persuade qu'elle a rencontré enfin ce qu'elle desire: elle prend la guirlande, la met contre son cœur, qui aussi-tôt palpite avec violence. Daphnis, au comble de la joie, vient à elle & lui confirme ses soupçons Les deux Amans profitent de l'instant où ils sont seuls pour se jurer l'amour le plus tendre & le plus durable. Mélide appercevant sa mère, fait éloigner Daphnis.

SCENE V.

SEMIRE annonce à sa fille que le moment qui doit décider de son sort approche, & que tous les Habitans du hameau sont en marche. Elle la pare ensuite d'une partie des présens qui lui ont été offerts, & se place avec elle devant sa maison.

SCENE VI.

MARCHE.

BERGERS, Bergères, Amans & Vieillards. Ils défilent devant Mélide, & vont se placer suivant leur rang. Le plus ancien du hameau s'approche d'elle, la prend par la main & lui demande si elle se sent du goût pour un des jeunes gens qui aspirent à sa main. Mélide regarde Daphnis & soupire. Le Vieillard, instruit par cette réponse, la conduit sur un trône, & ordonne de commencer les jeux.

Les Amans se rangent sur des gradins, & exécutent un concert. Daphnis, par un air de flûte, surpasse ses rivaux. Après quoi, il lutte contre eux & les terrasse. Ensuite, il remporte le prix de la danse; & à la course, il arrive le premier aux genoux de Mélide, qui le couronne.

On célèbre le triomphe du Vainqueur : on lui donne les prix qui lui sont dûs ; mais le plus cher à son cœur, le seul qu'il desire, c'est Mélide. Le Vieillard obtient le consentement de Sémire, qui unit les deux Amans & reçoit leurs tendres caresses. Les nouveaux Epoux, au comble du bonheur, sortent avec tous les Habitans, pour aller au Temple de l'Hymen.

Fin du premier Acte.

ACTE II.

Le Théatre représente un Bocage, d'un côté est le Temple de l'Hymen avec sa statue, & de l'autre celle de l'Amour. Au fond, on apperçoit la mer.

SCENE PREMIERE.

ON entend une musique agréable; des Bergers & des Bergères paroissent tenant des instrumens, des guirlandes, des corbeilles & des couronnes; ensuite viennent Daphnis & Mélide, conduits par Sémire & les Vieillards. Les deux Amans font une offrande à la statue de l'Hymen & à celle de l'Amour.

SCENE II.

DES Prêtres, précédés de jeunes Hymens, tenans des flambeaux, arrivent portant un autel. Ils font jurer à Daphnis & à Mélide de s'aimer constamment, prient les Dieux de leur être favorable, & les unissent.

A peine les Bergers & les Bergères commencent à célébrer, par leurs danses, un si beau moment, que le tonnerre gronde. Les éclairs se succédent avec rapidité; le Ciel s'obscurcit, des feux sortent de dessous la terre; & la mer s'agite. On se réfugie dans le Temple; mais on n'y est pas plutôt entré, que la foudre, en le frappant, oblige tout le monde d'en sortir précipitamment. La tempête augmente, la mer se souléve avec impétuosité & inonde le bocage, qui alors se trouve séparé en deux. Mélide, entraînée par la violence des eaux, n'a que le tems de gravir sur un rocher. Son époux, quoique chargé de Simire, veut la secourir, & est repoussé par les flots sur la rive opposée.

───────────

SCENE III.

LE calme renaît; mais les Elémens ont totalement séparé les deux Continens. Mélide, à peine revenue de sa frayeur, lève les bras vers le Ciel, & rend graces aux Dieux de l'avoir sauvée d'un aussi grand danger. Elle parcourt ensuite les bords du rivage, qu'elle est bientôt obligée de quitter. Les flots grossissent toujours, & ne laissent plus voir qu'une vaste mer.

SCENE VI.

DAPHNIS accourt dans le plus grand désordre. Le désespoir, la rage est dans son cœur. Ce malheureux Epoux cherche de tous côtés celle qu'il adore. Envain Sémire vient à lui pour le consoler; le délire où il est plongé, l'empêche d'abord de reconnoître cette tendre Mère. Effrayée de l'état effreux où elle le voit, elle répand un torrent de larmes, & serre dans ses bras cet infortuné. Ses Amis veulent le ramener au hameau : il les refuse tous, & jure de ne plus quitter le lieu où il a été séparé de Mélide. Il supplie sa Mère de le laisser seul. Elle résiste à ses prières ; mais ses forces l'abandonnent & elle s'évanouit. On profite de cet accident pour la séparer de Daphnis, qui, après avoir tâché vainement de la rappeller à la vie, la recommande à ceux qui l'entourent.

SCENE V.

DAPHNIS, après s'être livré à toute l'horreur de sa situation, tombe anéanti.

Une musique douce & mélodieuse se fait entendre; des nuages brillans couvrent le rivage. Morphée descend dans un char & par son pouvoir irrésistible, suspend un instant les maux de Daphnis. L'Amour paroît, prend part aux peines de cet Amant infortuné & annonce qu'il va y mettre fin. Il dissipe les nuages qui déroboient la mer. On voit des barques galantes remplies de petits Amours : ensuite Mélide sur un rocher, implorant le secours des Dieux & de son Amant. Daphnis, que ce songe agite, soupire, s'attendrit, &, dans son illusion, croit tenir entre ses bras celle qu'il aime. Tout disparoît. L'Amour seul reste, & veut avoir la gloire d'être le premier qui ait inspiré l'idée de braver les flots. Ce Dieu montre à Daphnis une Barque, dont la voile porte ces mots : *Sois assez hardi pour t'exposer sur l'Elément qui te sépare de tout ce qui t'est cher ; l'Amour te guidera.*

―――――――――――――

SCENE VI.

Daphnis se réveille la tête remplie du songe qu'il vient d'avoir. Il regarde précipitamment autour de lui, se voit seul, retombe dans sa mélancolie, & fait retentir le bocage de ses gémissemens ; mais sa surprise est
extrême

extrême quand il apperçoit la Barque; l'inscription lui en fait deviner l'usage, & il se dispose à y entrer sur-le-champ.

SCENE VII.

Sémire qui a entendu ses plaintes vient à lui. Etonnée de son projet, elle cherche à l'en détourner; ne pouvant y réussir, elle appelle ses Amis. Leurs représentations sont inutiles. Daphnis n'écoutant que son amour, se précipite dans la Barque & s'abandonne aux flots. Sémire & les Habitans du hameau, témoins d'un spectacle si touchant, suivent des yeux ce téméraire, & expriment de différentes manières, leur admiration, ou leurs craintes.

Fin du second Acte.

B

ACTE III.

Le Théâtre repréſente une Iſle ſauvage. Au fond on diſtingue la mer.

SCENE PREMIERE.

MELIDE abandonnée de la nature entière, privée de ſa mère & de ſon amant, ſe livre au déſeſpoir le plus affreux. Tout l'alarme & tout contribue à redoubler ſes craintes. Elle enviſage avec effroi l'aſyle où elle attend à chaque inſtaut la mort. Elle eſſaye, mais eu vain, de trouver dans le ſommeil l'oubli de ſes malheurs. Les oiſeaux ſemblent prendre part à ſes peines, & par leurs concerts mélodieux cherchent à les adoucir. Rien ne peut la diſtraire; ſes larmes recommencent à couler, & elle ſort dans l'eſpoir de trouver un terme à ſes maux.

SCENE II.

DAPHNIS arrive dans la barque, en deſcend, l'attache, la regarde avec reconnoiſſance & remercie les Dieux qui l'ont protégé. Il s'avance en tremblant; ſon inquiétude augmente à chaque pas. Il appelle celle qu'il aime. Une voix lui répond dans l'éloignement. Ne doutant point que ce ne ſoit celle de ſa chère Mélide, il redouble ſes cris; la même voix ſe fait entendre. Daphnis vole vers le côté d'où il a entendu partir les ſons qui ont frappé ſon cœur.

SCENE III.

Mélide accourt hors d'elle-même. Elle appelle à son tour. Des accens qui annoncent que ses cris n'ont pas été vains, font renaître l'espoir dans son ame. Elle recommence; & la voix qui lui a répondu se fait entendre d'une manière très-distincte.

SCENE IV.

Daphnis paroît. Son Amante se précipite dans ses bras ; mais la surprise & la joie lui ravissent aussi-tôt l'usage de ses sens. Revenue à la vie, elle ne peut croire à son bonheur : bien sûre qu'il n'est point l'effet d'un songe, elle jouit, ainsi que Daphnis, du plaisir délicieux d'une réunion si inattendue. Mélide brûlant du desir de revoir sa mère prend la résolution de s'embarquer ; mais au moment où elle approche du rivage, l'Isle disparoît.

SCENE DERNIERE.

Le Théâtre repréfente un Temple de Vénus, dont les murs font baignés par la mer.

L'Amour & toute fa Cour, accompagnés de Sémire & des Habitans du hameau, montent des Barques ornées de guirlandes de fleurs & de banderolles de différentes couleurs. Vénus defcend dans un char brillant. Sémire embraffe fes enfans & les accable de careffes. Ils fe proflernent tous aux pieds de la Déeffe, qui nomme ce féjour enchanté l'*Île de Cythère*. Les deux Amans font choifis par cette Divinité pour deffervir fon Temple.

Des Faunes, des Bacchantes se mêlent aux Jeux, & une Fête générale termine le Ballet.

Fin du troisième & dernier Acte.

Lu & approuvé, ce 24 Juillet 1785,
BRET.

www.ingramcontent.com/pod-product-compliance
Lightning Source LLC
Chambersburg PA
CBHW070459080426
42451CB00025B/2802